Nordhessen
Leben auf dem Lande in den 50er Jahren

Peter Ochs

NORDHESSEN

Leben auf dem Lande in den 50er Jahren

Wartberg Verlag

Fotonachweis:
Alle Fotos entstammen einem Leseraufruf der HNA-Sonntagszeit.
Die Bildgeber werden bei den jeweiligen Fotos namentlich genannt.

1. Auflage 1998

Satz & Layout: Kempken DTP-Service, Marburg
Druck: Thiele & Schwarz, Kassel
Buchbinderische Verarbeitung: Hollmann, Darmstadt

34281 Gudensberg-Gleichen, Im Wiesental 1, Tel. 05603/93050
ISBN 3-86134-520-X

Erinnerungen an früher

Ein halbes Jahrhundert ist es her, daß der Krieg in Europa, der den Menschen in Europa so viel Leid brachte, zu Ende ging. Er hinterließ nicht nur zerstörte Städte und Dörfer sowie zerstörte und demontierte Fabriken. Kaum eine Familie, die nicht Angehörige unter den Opfern wußte. Flüchtlinge, Vertriebene, Heimatlose mußten aufgenommen, untergebracht und versorgt werden, auch wenn man selbst kaum noch das Nötigste besaß.

Doch dann geschah das Unglaubliche, das, was man später als das deutsche Wirtschaftswunder bezeichnete. Binnen weniger Jahre wuchsen aus dem Trümmerhaufen blühende Landschaften, weil alle mit anpackten. Kraft, Fleiß und ein unerschütterlicher Optimismus verbrachten manches Wunder.

Das Leben auf dem Lande unterschied sich damals noch deutlich vom Leben in der Stadt. Das Auto war ein rares Luxusgut. Erst mit seiner zunehmenden Verbreitung wuchsen Dorf und Stadt näher zusammen. Die Älteren, die das noch selbst miterlebt haben, erinnern sich gerne an diese Jahre. Das Leben war ungleich härter als heute. Die Sorge um das Morgen ließ manchen nächtelang nicht schlafen. Doch irgendwie ging es dann immer weiter. Und es ging voran.

Solche Gedanken las man immer wieder in den Briefen der Menschen, die für die HNA-Sonntagszeit und für dieses Buch ihre Fotoalben geplündert haben. Einige schrieben, daß sie die Fotos schon seit Jahren nicht mehr zur Hand genommen hatten und Tränen in die Augen bekamen, als die Bilder plötzlich in den Köpfen wieder zu leben begannen. Längst verschüttet geglaubte Erinnerungen waren auf einmal so lebendig, als lägen die Ereignisse nicht über vier Jahrzehnte zurück, sondern hätten gerade gestern stattgefunden.

Das Leben auf dem Lande in den 50er Jahren war eine der erfolgreichsten Serien der HNA-Sonntagszeit überhaupt. Auch junge Menschen meldeten sich und gestanden, sie seien „ein Fan der 50er Jahre", die sie doch nur aus Erzählungen kennen. Die veröffentlichten Bilder hätten ihnen aber geholfen, die Geschichten der Eltern und Großeltern besser zu verstehen. Das trifft vor allem auf Kinder solcher Familien zu, die sich damals noch keinen Fotoapparat leisten konnten – verständlich, denn viele andere Dinge waren wesentlich wichtiger.

Unser besonderer Dank gilt deshalb allen, die sich die Mühe gemacht haben, die Schatztruhe ihrer Erinnerungen zu durchforsten. Nur so konnte dieses Buch entstehen. Die Fotos sind keine Profi-Aufnahmen. Gerade deshalb aber strahlen sie einen besonderen Charme aus. Sie spiegeln die Menschen in ihrer Zeit genauso, wie sie sich selbst damals sahen: fleißig, fröhlich und stolz auf das bereits Erreichte. Das Buch verzichtet bewußt auf lange Texte, um den Charakter eines Fotoalbums nicht zu zerstören.

Den Anfang machen Bilder aus den Dörfern unserer nordhessischen Heimat; sie zeigen Menschen bei Arbeiten in Haus und Hof. Dann geht es hinaus aufs Feld, wo mangels Maschinen Mensch und Tier mit Muskelkraft für reiche Ernte sorgen mußten. Jeder mußte mit zupacken – die Alten ebenso wie der Nachwuchs. Doch Zeit zum Spielen fanden die Kinder trotzdem – ebenso wie die Erwachsenen zum Feiern. Später, als die Zeiten besser wurden, konnte man sich dann das erste Fahrzeug anschaffen: Motorrad, Roller und Auto waren der ganze Stolz ihrer Besitzer. Das war die Zeit, als die Fahrt ins Blaue für die ganze Familie zum sonntäglichen Vergnügen wurde.

Ein bunter Bilderbogen – zusammengestellt aus den Erinnerungen vieler Menschen unserer Region. Vielleicht entdecken Sie, liebe Leserin und lieber Leser, auf einem der Fotos sogar Begebenheiten, die Sie selbst miterlebt haben. Und wenn Sie besonders großes Glück haben, finden Sie auf diesem Wege Freunde wieder, von denen Sie eine Ewigkeit nichts mehr hörten.

Peter Ochs

Bei uns im Dorf
Arbeiten im Haus und auf dem Hof

Längst hat auch auf den Dörfern das moderne Leben Einzug gehalten. Viele Städter sind „hinaus aufs Land" gezogen – nicht unbedingt wegen der gesunden Luft, sondern weil sie sich einen Traum verwirklichen wollten: den Traum vom Häuschen im Grünen. Mit eigenem Garten, viel Platz für die Kinder – und Doppelgarage. Denn gearbeitet wird nach wie vor in der Stadt, und in den meisten Fällen müssen auch beide Ehepartner mit ran, weil der Traum nur so bezahlbar war.
Doch drehen wir die Uhr ein paar Jahrzehnte zurück. Wie sah es aus auf dem „flachen Land" in den ersten Jahren der noch jungen Bundesrepublik Deutschland? Ein paar ganz private Erinnerungen.

„Das ist meine Oma Marie Rode (74) 1957 in der Küche", erinnert sich Erika Rode-Janho aus Spangenberg-Elbersdorf. „Mittags stand meistens ein Topf mit Kartoffeln und eine Schüssel mit Lattich auf dem Tisch. Im Vordergrund ein Futtereimer – wir hatten auch Schweine. An der Wand der Handtuchhalter mit den üblichen Näpfen für Sand – Soda – Seife und davor der klebrige Fliegenfänger."

Welch eine Ferkelei! Gesunder Nachwuchs bei „Achtersch an der Schosse" (... an der Chaussee) in Bromskirchen. Stolz blickt Oma Luise Helduser geb. Ringler auf die putzmunteren, hungrigen Schweinchen. Die Aufnahme aus dem Jahr 1955 stammt von Reiner Gasse, Allendorf-Battenfeld.

Als Kohleöfen und -herde noch in jedem Haus standen, ratterte dieses Ungetüm, eine fahrbare Motorsäge, noch regelmäßig durch Obervellmar und schnitt gegen Honorar das Brennholz. Hans Braun aus Espenau zu seinem Foto von 1959: „Hier helfen meine Schwester und mein Schwager als Anreicher und Abnehmerin (und im Akkord, denn die Säge war scharf, und schnell mußte es gehen)."

Doch nicht für jeden Scheit kam die Motorsäge: Neffe Wolfgang mühte sich redlich, diesen Baumrest zu zerlegen, den das Hochwasser der Ahne auf ein Rosenbeet der Brauns geschwemmt hatte.

Wenn man's so sieht: „Die Füße waren dabei auch im Winter warm", textete Marlies Blackert zum Bild links, das Franz und Hans-Georg beim Mistaufladen in Schwarzenhasel zeigt.

... also wird auch das Huhn nicht gefroren haben, das Walter Hain aus Allendorf/Eder mit auf diese Aufnahme bekam.

„In den 50er Jahren hatte bei uns fast jeder eine kleine Landwirtschaft mit zwei Kühen, Ziegen, Hühnern, Schafen, Gänsen, Enten...", erinnert sich Anna Kathrin Geisel aus Holzburg.

Christa Brückmann geb. Springmann arbeitete im Jahr 1952, als dieses Foto entstand, als Haustochter auf der Domäne Frankenhausen (wo die berühmte Vorzugsmilch hergestellt wurde). Dafür gab's 20 Mark im Monat sowie Kost und Logis.

Ein scharfes Mähmesser ist die Voraussetzung für gute Arbeit. Deshalb muß man es regelmäßig schleifen. Alfred Busch aus Schwalmstadt-Michelsberg: „Jeder will schleifen, keine will drehen." So erfand sein Vater Friedrich einen Antrieb für den Schleifstein.

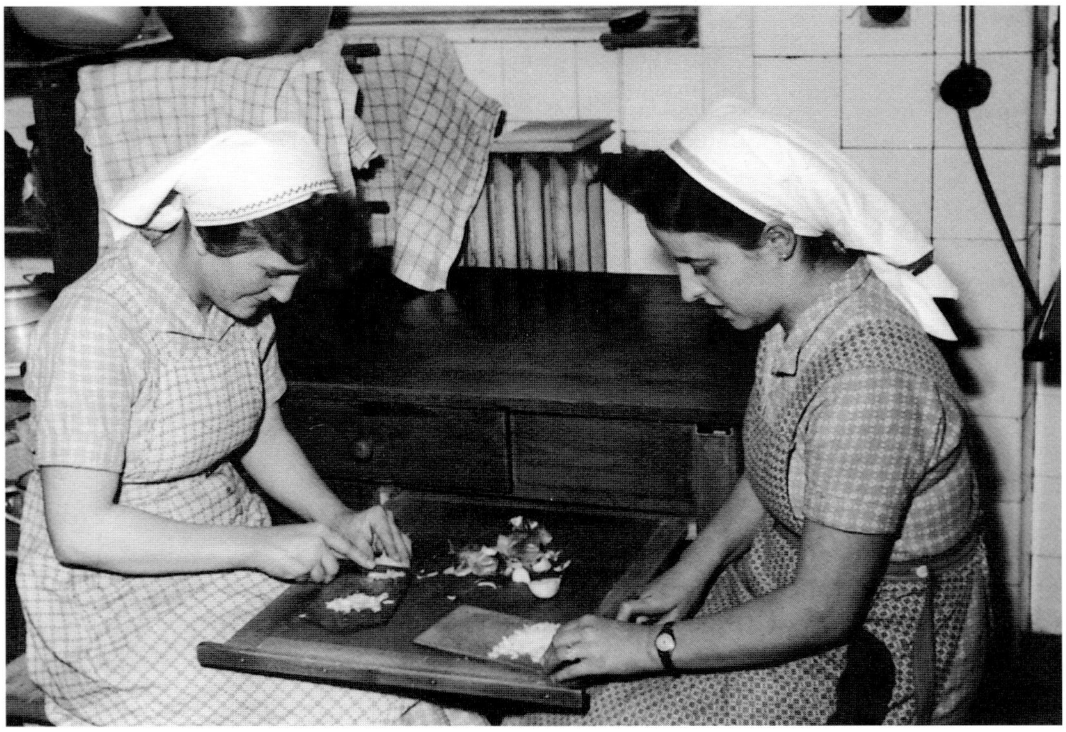

Kochen stand auch auf dem Lehrplan der Landwirtschaftsschule Bebra, also mußten Heide Bickel und Marlies Blackert im Winterhalbjahr 1956/57 Zwiebeln schneiden. Die Arbeitskleidung war natürlich selbstgenäht.

Hausschlachtung in Staufenberg-Benterode: Nachdem im Trog die Borsten mit kochendem Wasser entfernt worden waren, konnte das Schwein an einer Leiter aufgehangen werden. Hausschlachter Adolf Krug ist gerade dabei, das Schwein „hakenrein" zu machen, das heißt, die Innereien zu entfernen. Ihm zur Seite steht Erwin Bischoff, erinnert sich Rudolf Schäfer.

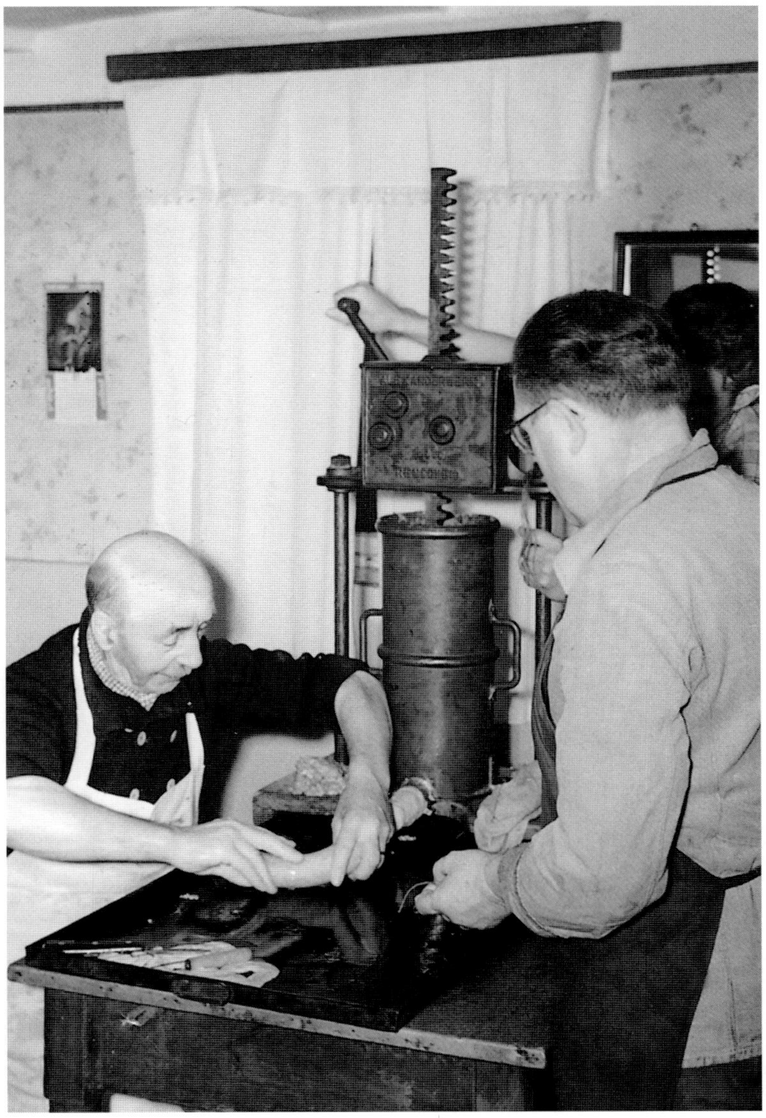

Hausschlachtung in Oberkaufungen bei Familie Keßler-Herbold. Lothar Rolwes: „Mein Großvater Ludwig Weiß war in den 50er Jahren im Winter als Hausschlachter tätig, im Sommer arbeitete er als Maler und Weißbinder."

Hausschlachtung in Niederkaufungen: Mit dem Handwagen transportierte Georg Rohde seine Maschinen zur Wurstherstellung von Hof zu Hof. Sieben Mark erhielt er 1949 für das Schlachten und Verwursten eines Schweins – das bedeutete immerhin acht bis neun Stunden schwere Arbeit.

Hinaus aufs Feld

Viel Steine gab's und wenig Brot ... – nein, so schlecht sind die Böden in unserer Region gar nicht. Roggen, Weizen, Gerste, Hafer und Zuckerrüben wuchsen recht ordentlich. Und in den höheren Lagen war die Milchwirtschaft Erwerbszweig Nummer eins. Große Höfe mit weiten, zusammenhängenden Ackerflächen waren jedoch selten zu finden – eine Folge des hier praktizierten Erbrechts. Und dennoch war der Bauer nicht weniger stolz auf seine Scholle. Viele ahnten aber schon, daß sie sich in den kommenden Jahrzehnten nicht von der Landwirtschaft allein würden ernähren können. So suchten sich viele Jüngere bald Arbeit in der Industrie und überließen die Höfe den Alten.

Wer gut schmiert, der gut fährt! Wer sich schon solch einen prächtigen Schlepper leisten konnte, der mußte auch stets dafür sorgen, daß das gute Stück einsatzbereit blieb. Ein kräftiger Schuß aus der Fettspritze gehörte regelmäßig in die Achsgelenke.

(Foto: Walter Hain, Allendorf/Eder)

Andere waren noch auf die Zugkraft ihres Hornviehs angewiesen. In Altenlotheim erinnern sich heute noch viele, wie Marie Zarges bis in die 50er Jahre mit dem Kuhgespann durchs Dorf ging. Am 13. Juni 1997 veröffentlichte die Waldeckische Allgemeine deshalb dieses Foto – Marie Zarges wurde an jenem Tag 100 Jahre alt.

Aus dem Küchenfenster beobachtete Erika Rode-Janho in Spangenberg-Elbersdorf 1957 ihren Großvater Georg Rode beim Anspannen der Kühe Lene und Jack. „Es fiel ihm schon sichtlich schwer, die Bauchriemen zu befestigen."

Aus dem Familienalbum von Paul Becker, Bad Arolsen: „Mein Großvater mit seinem Kuhgespann in Laisa, Kreis Frankenberg."

Bitte lächeln! Jakob Steuber VI. (Wünnersch) 1950 in Bromskirchen; „Er stammte aus Schlitzersch", berichtet Reiner Gasse aus Allendorf-Battenfeld.

Die Scholle brechen

Den Blick rückwärts gerichtet, verspürt man heute die Romantik, die aus diesen Bildern spricht. Damals war es oft knochenharte Arbeit für Tier und Mensch, dem Boden die Ernte abzuringen – bei Wind und Wetter, bei Frost und glühender Hitze.

Auch mit 2 PS ließ sich gut ackern – es ging nur nicht so schnell. Hans Braun aus Espenau schoß diese Aufnahme 1958 auf einem Feld neben der Landstraße Niedervellmar-Ihringshausen.

Das Pferd, der treue Helfer (Foto: Walter Hain, Allendorf/Eder)

Auch am Ostersamstag 1952 ruhte die Feldarbeit nicht. Mit seinen Pferden Hektor und Alex ging Friedrich Kreh aus Dehausen (jetzt Ortsteil von Diemelstadt im Kreis Waldeck-Frankenberg) zum Eggen. Wahrscheinlich sollten dort Kartoffeln und Runkeln angebaut werden, schrieb seine Tochter Annemarie Brühne zu diesem Foto. Der Wald im Hintergrund ist der Stock, der sich zwischen Schmillinghausen und Rhoden erstreckt.

Der romantische Anblick täuscht: Pflügen mit dem Kuhgespann war harte Arbeit.
(Foto: Erwin Müller-Blum, Rotenburg an der Fulda)

Futter für das liebe Vieh

Auch dafür gibt es längst Maschinen. Wenn man heute über Land fährt, sieht man niemanden mehr, wie er mit kräftigem Schwung das Heu mit der Gabel auf den Wagen wirft. Doch fragt man die Alten, woran sie sich gerne erinnern, so kommen Geschichten vom Heumachen dabei häufiger vor – nicht zuletzt deshalb, weil dazu meist alle gebraucht wurden und so manche Begegnung stattfinden konnte ...

Zu alt? Zu jung? Wenn's ans Heuwenden ging, wurde jeder gebraucht, dann war die Arbeit in der Sommerhitze schnell erledigt. Und so gewöhnte sich auch die zweijährige Rosi an den noch etwas großen Rechen. Erich Schäfer machte das Foto am 20. Juni 1954 auf der 17 ar großen Wiese im Kleehof, Frankershausen. Von links zu erkennen: Marie Schlöffel, Eduard Schlöffel, Emilie Schäfer, Rosi Schäfer und Elfriede Kühnemuth.

Das Wetter war günstig, also mußte die ganze Familie Schmidt aus Velmeden an einem Sonntagnachmittag im Juli 1959 am „Hohen Rain" Richtung Meißner zum Heuwenden antreten.

Gruppenbild mit Brigitte: Hoch auf dem Pferd durfte die achtjährige Brigitte Egerland bei dieser Aufnahme sitzen. Das Berliner Mädchen war im Rahmen der Kinderlandverschickung von der Spree nach Martinhagen auf den Bauernhof der Botthofs gekommen. Es hat ihr so gut gefallen, daß sie noch dreimal wiederkam, erinnert sich Anni Kimm geb. Botthof, die den Feriengast aus der Großstadt damals betreuen durfte.

So hoch die Arme reichen! Vollbeladen steht der Heuwagen der Familie Busch aus Michelsberg (Schwalmstadt) im Jahr 1957 für die Heimfahrt bereit. Friedrich Busch fährt mit dem Pferderechen heran, die Frauen rechen noch die letzten Halme zusammen, und Walter Busch wirft sie mit Schwung auf den Wagen.

Beim Heuladen. Der Schlepper hat noch das alte schwarze Kennzeichen mit weißen Buchstaben und Ziffern. „AH“ steht für die Besatzungszone „Amerikanisch Hessen“.

Heumachen war schweißtreibende Handarbeit. Müde geht's nach Hause. (Fotos: Walter Hain, Allendorf/Eder)

Goldene Ähren

Die Sommer waren heiß und dauerten Monate, der Himmel war blau, und die goldenen Ähren glänzten, wenn sie sich leise im Wind wiegten.
Und wenn es einmal ein Gewitter gab, dann stürmte es mächtig und der Regen prasselte in ganz dicken Tropfen herab. Aber schon bald schien wieder die Sonne.

Solche Erinnerungen hat gewiß jeder an seine Kindheit. Und weil die schlechten Jahre längst der Vergessenheit anheim gefallen sind, spricht man so gerne von der „guten alten Zeit".

Wer kann das heute noch: Korn mit der Sense schneiden? Mit dem Wetzstein muß das Blatt zwischendurch immer wieder geschärft werden.

Mit dem Bindemäher geht die Arbeit wesentlich einfacher und flotter.
(2 Fotos: Walter Hain, Allendorf/Eder)

Immer zur Erntezeit kam Tante Berta aus Bendorf am Rhein zu den Hartmanns nach Waldkappel-Burghofen, erinnert sich Elisabeth Hartmann. Die ganze Familie zog dann aufs Feld in der Gemarkung Eltmannsee, wo dieses Foto beim Aufstellen der Garben entstand.

Mit dem Schlepper Marke RMW (Rotenburger Metallwerke) bei der Getreideernte in der Gemarkung Gilfershausen
(Foto: Wolfgang Becker, Wehretal)

Blauer Himmel, so weit das Auge blicken kann. Ein Sommer wie aus dem Bilderbuch.
(Foto: Erwin Müller-Blum, Rotenburg an der Fulda)

Pommes de terre – Erdäpfel

Die Kartoffel ist eine wunderbare Ackerfrucht. Denn sie läßt sich zu vielen wohlschmeckenden Gerichten verarbeiten: Pell- und Salzkartoffeln, Bratkartoffeln mit Zwiebeln und Speck, Stampfkartoffeln und Kartoffelbrei, Himmel und Erde, Kartoffelsalat, Reibekuchen und Kartoffelklößen – ja, sogar Kartoffelkuchen.

Und mancher schätzt die Knolle ganz besonders, wenn sie zuvor durch ein Schwein gegangen ist.

Zu den Zeiten, als die Pommes frites hierzulande noch gänzlich unbekannt waren (ja, liebe Kinder, solche Zeiten gab's tatsächlich!) fuhren viele Bauern die Kartoffeln säckeweise in die Stadt, weil jeder, der einen kühlen Keller besaß, sich einen Wintervorrat anlegen wollte.

Die Kartoffeln wachsen leider nicht auf Bäumen, also gab's bei der Ernte krumme Rücken vom Bücken.
(Foto: Erwin Müller-Blum, Rotenburg an der Fulda)

... oder wunde Knie. Doch alle Nachbarn in Freudenthal halfen 1955 mit, so ging es schneller, kann sich Helga Günther aus Kassel noch erinnern.

Pause für den Fotografen beim „Ackerkartoffellesen" auf dem Dittmarschen Feld in Wollrode: Karl Gockel, Wilhelm Dittmar und Luise Dittmar.
(Foto: Reinhard Ellenberg, Guxhagen)

Mach mal Pause

Eine Vesper am Feldesrand, das war zur Erntezeit oft die einzige Pause, die man sich leisten konnte.

Kaffeepause am Straßenrand. Im Schatten der Bäume ein Weilchen verschnaufen, und dann wieder aufs Feld. Familie Hartmann aus Waldkappel-Burghofen im Ernteeinsatz 1956.

Frühstückspause bei der Weizenernte. Das Brot wird vom großen Laib geschnitten, die Füße halten gleichzeitig die Milchkanne fest.
(Foto: Walter Hain, Allendorf/Eder)

Feldarbeit war oft Frauensache. „Das schönste war immer die gemeinsame Vesper“, schrieb Anneliese Lütgenau aus Baunatal unter diese Aufnahme.

Geschafft!

Die Ernte ist immer ein Wettlauf mit der Zeit und mit dem Wetter. Doch ist der letzte Wagen glücklich auf dem Hof angelangt, dann kann das große Fest gefeiert werden.

Von Erika Görke aus Morschen stammt diese Aufnahme aus dem Jahr 1957: Nach der Strohernte kehrt die ganze Familie hoch oben auf dem von zwei Ochsen gezogenen Wagen fröhlich auf den Hof zurück.

Ein wahres Ungetüm von Dreschmaschine – aber es hat funktioniert. *(Foto: Erwin Müller-Blum, Rotenburg an der Fulda)*

Au weia, das ging schief! Diese Ernte landete in der Schwalm. Der Wagen war in der Furt zur Leomühle bei Bad Zwesten umgekippt, erinnert sich Martha Silber.

Der Erntekranz schmückt 1955 die letzte Fuhre. Alfried Hobein bringt sie gemeinsam mit Ehefrau Mathilde, den Kindern und Enkeln sowie den Erntehelfern zu ihrem Haus in Rothwesten. Der alte Lanz-Bulldog hatte wieder gute Arbeit geleistet.
(Foto: Karl-Heinz Jenauer, Fuldatal)

Ach du schöne Kinderzeit

Kinder, die in eine Zeit hineingeboren werden, haben es nicht schwer, sich zu orientieren – sie kennen ja nichts anderes. Sie nehmen Not und Entbehrung als ebenso selbstverständlich hin wie Reichtum und Luxus. Ob jemand eine glückliche Kindheit verbracht hat, hängt von ganz anderen Dingen ab: Liebe und Zuneigung, ein behütetes Elternhaus und die Geborgenheit im Kreis der Familie wiegen erheblich schwerer als materieller Wohlstand. Deshalb hört man immer wieder: „Wir hatten nicht viel, und in Urlaub sind wir so gut wie nie gefahren – aber meine Kindheit war trotzdem wunderschön.“

Skateboard und Inline-Skater waren noch nicht erfunden, doch auch damals hatten die Kinder auf dem Lande ihren Spaß. Vielleicht beneidet sie ja heute manches Stadtkind darum, mit Tieren zusammen naturverbunden aufgewachsen zu sein. Das Größte für den kleinen Walter war, wenn er – fast wie Ben Hur – mit dem Pferdegespann durch Ahnatal-Weimar fahren durfte. Fuchs und Hektor spielten gerne mit.

Eine ganze Klasse der Grundschule Nentershausen beim Ernteeinsatz? Nein, ein tolles Erlebnis beim Wandertag! Erika Weidemeyer erinnert sich: „Mit Lehrer Müller beobachteten wir die Arbeit der Dreschmaschine, und die schon gefüllten Kornsäcke dienten als Stütze. Laut und staubig war's, aber am Abend gab's ein Fest und gutes Essen. Ich glaube, auch damals schon fanden wir solchen Unterricht toll."

Auch das Versorgen der Hühner gehörte zu den Aufgaben der Haustöchter auf der Domäne Frankenhausen. Besonders stolz war Christa Brückmann geb. Springmann, die dort 1952 arbeitete, daß sie die Kinder ihrer Chefin Frau Schultheis betreuen und zu Bett bringen durfte. Tochter Barbara (links) half ihr dafür gerne beim Füttern der Hühner.

Deisel (Trendelburg) 1956. Die Straßen waren noch nicht geteert, sondern oft richtig matschig. Die Gänse liefen durch den Ort, wie es ihnen Spaß machte. Und die kleine Isolde hinterdrein. Da kam ein Fotograf, machte dieses Foto und verkaufte es ihren Eltern. Isolde Ulloth, die damals Schönweitz hieß, hat es bis heute aufgehoben.

Als die weiße Wäsche noch in großen Kesseln gekocht wurde, legte man sie anschließend auf den Rasen und ließ sie von der Sonne bleichen. „Meine Kusine Ingrid aus Kassel verbrachte ihre Schulferien oft bei uns in Witzenhausen", schreibt Elfriede Krether zu diesem Bild aus dem Jahre 1953. Ingrid wollte natürlich beim Begießen der Wäsche mithelfen.

Mit Opas Taschentuch auf dem Kopf gegen die Sonne geschützt, döst dieser Steppke vor sich hin. Der Großvater hatte die Mähpause sichtlich nötig. Heinz Rambow aus Bad Arolsen machte diese Aufnahme heimlich während eines Spaziergangs durch die Feldflur, als er Junglehrer in Bühle bei Landau im Kreis Waldeck war.

Kinderspiel und Kinderfreizeit auf dem Land

1953 fuhren die Kinder von Niederkaufungen im Sommer nicht ins Schwimmbad – die Losse floß doch vor der Tür vorbei. Neben den Brücken gab es eine Furt, darin konnte man prächtig planschen, erinnert sich Heinz Pfeil, der dieses Foto schickte. Es entstand an der Furt neben der Brücke an der evangelischen Kirche, im Hintergrund ist der Bauernhof von Jonas Hupfeld zu sehen.

Ursula Fischer aus Borken: War das ein Geschenk! 1952 bekam sie ihren ersten Roller. Man beachte den Winker unter dem Lenker. Den konnte man in die Richtung drehen, in die man abbiegen wollte. Autos hatten damals auch noch solche Winker, Blinklichter gab's erst später.

Auf dieses Foto ist Eberhard Trogisch (der Zweite von rechts in der hinteren Reihe) aus Baunatal besonders stolz, zeigt es ihn doch als Mitglied der Fußballmannschaft der Sexta der August-Vilmar-Schule in Homberg/Efze. „Unsere Klasse bestand 1950 aus 52 Schülern. Wir sind die elf Auserwählten", die auf dem Schulhof gegen andere Klassenmannschaften antreten durften. Einheitliche Sportkleidung war damals noch kein Thema – es ging trotzdem, schließlich kannte man sich ja gut.

Aug' in Auge mit der Kuh ... und kein bißchen Angst. Alle paar Tage durften die kleine Monika und der kleine Heinz mit ihrem Großvater Heinrich Heckmann aus Vollmarshausen aufs Feld fahren, um Grünfutter für die Kuh und die Ziegen zu holen. Die Kuh wurde vor den Einspänner gespannt und ab ging's, schrieb Martha Elisabeth Hopf unter dieses Bild.

Ganz schön stark für 1958, diese 13jährige „Halbstarke". An dieses Foto wird sich Christa Schüler geb. Weppler Zeit ihres Lebens erinnern, denn es brachte ihr „ernsthafte elterliche Strafmaßnahmen" ein. Und das kam so: „Nachdem ich den Kinofilm ‚Liane, das Mädchen aus dem Urwald' gesehen hatte, ließ ich mich heimlich mit gelösten Zöpfen in einer von der Freundin ausgeliehenen Jeans (und mit dem dazugehörigen rätselhaften Blick) fotografieren. Etwas derart Unzüchtiges wurde mir nicht so ohne weiteres verziehen."

Hula-Hopp „oben ohne": Das Lieblingsspielzeug von Dietlinde Plümer geb. Grundmann war 1958 ein bunter Hula-Hopp-Reifen. Ein teures Spielzeug – er kostete 4,95 Mark, das war ziemlich genauso viel, wie ihr Vater damals als Feinmechaniker pro Stunde verdiente. Dietlinde übte fleißig, um immer neue Rekorde aufzustellen und fand dabei heraus: „oben ohne" geht's besser.

Damit keiner den Hund beißt, stecken wir ihn lieber in den Puppenwagen – schließlich kann er sich nicht wehren. In Kassel gab es 1954, als Barbara Göbel mit ihrer kleinen Tochter Christa Verwandte besuchte, für Hunde einen Maulkorbzwang.

Klaus Backhaus, der Aufpasser im Laufställchen, ist zwar auch erst drei Jahre alt – doch bei dieser Aufmachung mit Hut, Sonnenbrille und Tabakspfeife wagt es Bruder Michael (1) bestimmt nicht aufzumucken. In der Kasseler Kimpelstraße herrschte damals jedenfalls Ordnung.

Vier junge Damen und ein Zicklein. Es war am 1. Mai 1951, als dieses Foto entstand, das Friedrich Reuter aus Habichtswald in seinem Album fand. Er erinnert sich nur noch, daß die Mädchen 1937/ 38 geboren wurden und das Kleid der Trägerin in der Bildmitte rot war: „Es stammte aus einem Care-Paket und wurde mindesten drei Jahre getragen."

Wer brauchte schon gekauftes Spielzeug – es gab ja überall Gelegenheit zum Spielen. Nur pfiffig mußte man sein. Das Foto beweist es: Wenn die Feuerwehr von Mönchehof ihre Schläuche zum Trocknen an Bäumen aufhing, konnte man darauf prächtig schaukeln, wie Bärbel Vitt geb. Heine vormacht. Übrigens: Genau an der Stelle, wo das Foto entstand, befindet sich heute ein richtiger Spielplatz.

Mit nackten Füßen und kessem Lächeln sitzt die siebenjährige Betraud Bolduan auf dem Geländer der Brücke, die über den kleinen Bach führte, der Dickershausen bei Homberg durchfließt. Ein reisender Fotograf nahm dort im Juli 1951 die spielenden Kinder einzeln auf.

Welcher Zweijährige tanzt heute noch mit einem Zicklein wie 1957 Volker Hellmuth aus Großenritte? Die „Kuh des kleinen Mannes" war Spielgefährte, gab Milch und landete (ohne daß die Kinder das erfahren durften) hin und wieder im Kochtopf.

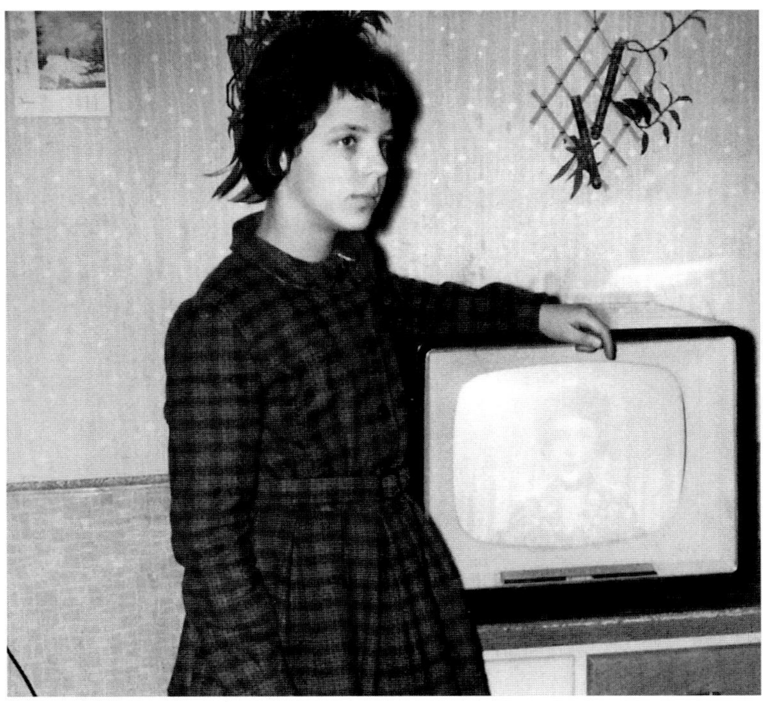

Die Moderne hält Einzug in Borken. 1959 war es, als sich die zwölfjährige Ursula Horn (heute Fischer) stolz wie ein Fotomodell in der guten Stube vor dem ersten Fernsehapparat der Familie fotografieren ließ.

„Mit dem Tretroller auf großer Fahrt" – so titelte 1953 die „Kasseler Post". Unter dieser Überschrift stand die schier unglaubliche Meldung, die wir hier im Wortlaut wiedergeben:

„Auch der moderne Verkehr bringt Überraschungen. Eine solche gab es dieser Tage in Wabern. Nach fast dreistündiger Fahrt trafen bei der Familie Thiel der 9jährige Enkel mit seinem ebenfalls 9 Jahre alten Freund aus Kassel auf einem Roller ein. Dieser war zwar modern ausgerüstet mit Rückspiegel, Ballonreifen und Gepäckträger, hatte aber keinen Motor. Die beiden, die sich durch den starken Verkehr auf dieser Durchgangsstraße nicht beunruhigen ließen, haben sich im Treten abgelöst. Der Zweite ruhte auf dem Gepäckträger aus. Bergauf mußten sie schieben, bergab ging's am schönsten. Wohlbehalten, nur mit einem kleinen Muskelkater, trafen sie am Ziel ein und wurden nach ausreichender Verpflegung schnellstens in den Zug nach Kassel gesetzt."

Und die Hessischen Nachrichten vermeldeten ergänzend: „Um 15 Uhr waren die beiden unternehmungslustigen Jungen in Kassel abgefahren und um 17.45 Uhr fuhren sie mit Schwung durch Niedermöllrich hindurch den langen Berg hinunter nach Wabern. 28 Kilometer in zweieinviertel Stunden, das entspricht einer Durchschnittsgeschwindigkeit von etwa zehn Stundenkilometern."

Wie war es dazu gekommen? Familie Ochmann war 1952 von Wabern nach Kassel-Wehlheiden gezogen. Das Heimweh des kleinen Walter nach den Großeltern, den Freunden, der Schwalm und der Eder war groß. Als er ein Jahr später einen wunderschönen blauen Tretroller geschenkt bekam, reifte bald der Plan zu dieser großen Reise, auf der ihn sein bester Freund Erhard Weferling (links im Bild) begleitete. Wer weiß schon mit neun Jahren, wie weit 28 Kilometer sein können, wenn man sie per Tretroller zurücklegen muß.

Und noch eine Anekdote gibt es um diesen Roller. Das gute Stück hatte 70 Mark gekostet – so etwas hatte kaum ein Kind in der Nachbarschaft. Im Kirchweg, so erinnert sich Walter Ochmann, gab es einen Altwarenhändler, da konnte man sich einen Roller leihen – für 30 Pfennig die halbe Stunde. „Ich war damals sein größter Konkurrent und viel preiswerter."

Geschenke, die von Herzen kommen

Die Wünsche waren nicht groß, die Ansprüche nicht hoch. Und dennoch waren sie oft unerfüllbar, denn das wenige Geld, das die Eltern verdienten, reichte in den Jahren des Neuaufbaus kaum aus, die wichtigsten Dinge des täglichen Lebens zu bezahlen. Irgendwie hat es dann zu Weihnachten, Ostern und zum Geburtstag aber immer noch geklappt, ein Geschenk herbeizuzaubern.

Strahlende Kinderaugen unterm Tannenbaum – Weihnachten 1953. Verglichen mit heute war es nicht viel, was auf dem Gabentisch lag. Doch wer in die glücklichen Gesichter dieser beiden Kinder blickt, der weiß, wie sehr man sich in den 50er Jahren über jedes Geschenk freute. Die Püppchen und der kleine Teddy gaben diese beiden nicht mehr her. Arno Backhaus aus Calden fand dieses Foto in seinem Album.

Eine Riesentafel Vollmilchschokolade für Christa, die sie nicht mit ihren sechs Brüdern – nur Horst und Robert sind mit auf dem Bild – teilen mußte, denn die hatten selber welche bekommen – das war schon etwas! So erinnert sich Christa Schüler geb. Weppler aus Gilserberg an Weihnachten 1953.

Ostern 1955 muß es noch recht kalt gewesen sein, wie das Strickmützchen auf dem Kopf der kleinen Erika beweist. Trotzdem: Gut, daß der Osterhase nicht aus Schokolade war – sonst wäre er bei soviel Liebe schnell dahingeschmolzen.

Wer hat Angst vor diesen drei süßen schwarzen Männern? Als Schornsteinfeger, die ja bekanntlich Glück bringen, zogen Bodo Pfeffer und seine Cousins Wolfgang und Rainer Metzner am „Clowesabend" 1950 durch Kassel. Die Verkleidung kam bei den amerikanischen Familien gut an, so daß viel Schokolade, Kaugummi und Gebäck in den Säckchen landete, erinnert sich Margarete Pfeffer-Metzner.

Der achte Geburtstag muß schon eine ernste Sache im Leben einer jungen Frau sein – oder guckt die kleine Lieselotte so traurig, weil ihr Lieblingswunsch nicht in Erfüllung gegangen ist? Lieselotte Zeiß geb. Lüdecke aus Kassel ist es, die am 6. Juli 1954 einen bunten Wasserball bekam.

Vor einem Kaufhaus nahe dem Kasseler Hauptbahnhof konnten die Kinder 1955 den Weihnachtsmann persönlich treffen. Wer mutig genug war wie Renate (rechts) und Sylvia Walter, der ließ sich die Chance nicht entgehen, dem gütigen bärtigen Mann den Wunschzettel zu präsentieren. Ihre Mutti Martha Walter hatte sie für die Begegnung extra schick gemacht, die roten Anoraks waren sogar selbstgenäht.

Für die Kirmes herausgeputzt

Wer will da abseits stehen, wenn die Kirmes beginnt? Alt und jung sind auf den Beinen. Lausbuben in kurzen Hosen träumen davon, einmal selbst zu den Kirmesburschen zu gehören. Und die jungen Damen putzen sich heraus, um beim Tanz nicht als Mauerblümchen zu enden. Kirmes, das war nicht nur ein vergnügliches Fest, sondern auch der Heiratsmarkt Nummer eins im Dorf.

Kirmes 1953 in Schwarzenhasel. Marlies Blackert und ihre Freundinnen verkleideten sich als die aus dem Radio bekannte „Familie Hesselbach". „Martha Marth verkleidete sich als Mann, Anneliese und ich waren die Damen Hesselbach. Und Rudi Holl fuhr uns mit der Kuh vor der Kutsche."

Zwei Jahre später hatten Marlies Blackert und ihre Freundin Elfriede eine besondere Aufgabe: Sie waren die Kirmesmädchen. Im Festzug marschierten sie mit dem Kirmeshammel voran, der dann am Montagabend verlost wurde. Bis dahin galt es, ihn gut zu bewachen – „sonst wurde er geklaut und mußte von den Kirmesburschen wieder eingelöst werden".

Eine besonders schöne Erinnerung hat Heinrich Weise aus Battenberg-Frohnhausen an den Kirmeszug 1953: „Die mit dem schwarzen Rock und den blonden Haaren hatte ich mir angelacht. Sie ist heute noch meine Frau Waltraud."

Schöne Erinnerungen bewahrt auch Gisela Prescher aus Kassel an die Kirmesveranstaltungen in ihrer Jugendzeit. Dieses Foto entstand 1951 in Vockerode am Meißner. Die Kirmesburschen gingen mit ihren ausgesuchten Kirmesmädchen im Zug hinter der Blaskapelle zum Gottesdienst in die Kirche. Danach ging es mit Musik durch das Dorf zum Anger, wo zuerst ein Gruppenfoto gemacht und dann die Kirmes angetanzt wurde. Später feierte man dann im Saal einer Gaststätte weiter. „Wir hatten in dieser Zeit wenig Geld, aber trotzdem sehr viel Spaß!"

Hoch die Tassen! Wenn bei Familie Seidel in Oberkaufungen gefeiert wurde, wie hier 1953, dann wurde die Musik selber gemacht. Rudolf Seidel spielte Schifferklavier, ein anderer zupfte mangels Gitarre den Besenstiel. Wo aber waren eigentlich die Frauen, als das Foto gemacht wurde, fragt Ilona Seidel-Warnke. Feierten die Männer unter sich, oder waren sie beim Kaffeekränzchen. Vielleicht bereiteten sie auch gerade das Abendbrot zu ...

In Olberode, heute ein Ortsteil von Oberaula, war es früher so üblich, daß die Kirmesburschen mit einer Kutsche durch das Dorf fuhren und an einigen Stellen im Ort ein Kirmesgedicht vortrugen. Geschrieben wurde es von Hans Wagner. Er verarbeitete darin immer die Geschehnisse der vergangenen zwölf Monate, weiß Doris Wagner zu berichten.

Kirmes 1950 in Wollrode. Für Stimmung sorgte eine Blaskapelle, und die Leute strömten herbei.

Vor der Gastwirtschaft Heinrich Wiegand in Borken-Freudenthal stellte sich im Oktober 1953 der Kirmeszug zum Gruppenbild auf. Helga Günther, die heute in Kassel lebt, bewahrte dieses Foto auf.

Die Kirmesburschen von Dörnberg posieren mit dem Kirmesbär vor der alten Schule, die später in den 60er Jahren abgerissen wurde. Skeptisch schaut der kleine Steppke rechts auf den Bären, denn der Zottelige erschreckt gern die Kinder. Die Aufnahme von Friedrich Reuter entstand Mitte der 50er Jahre.

Hell die Becher klingen

Anlaß zum Feiern gab aber nicht nur zur Kirmes. Jubiläen, Sängerfeste sowie Kram- und Viehmärkte waren willkommene Gelegenheiten, das Tanzbein zu schwingen und sich ein Gläschen zu gönnen. In manchen Orten genießt auch der Karneval hohen Stellenwert.

Keine Szene aus dem wilden Westen zu Zeiten von Wyatt Earp, sondern ein Foto vom Kreissängerfest im Juli 1953 in Allendorf-Battenfeld. Der Herr rechts mit dem steifen Hut und der Zigarre ist Konrad Gasse, neben ihm reitet August Siebert.

1950 fand in Battenfeld der letzte Kram- und Viehmarkt nach alter Art statt. Im Jahr drauf herrschte Maul- und Klauenseuche, so daß kein Viehauftrieb erlaubt war – damit entfiel auch der Markt. Das Bild zeigt am Stand einer Schuhverkäuferin links „Knirrs Erna" und Mathilde Preißler geb. Muth (Talschäfers). Das Foto machte Reiner Gasse.

Im Landgasthof Rimbach von Sontra-Blankenbach ging es auch in den 50er Jahren schon feuchtfröhlich zu, weiß Elvira Hakenes geb. Rimbach zu berichten, die die Gaststätte schon in der dritten Generation führt. Dieses Bild aus dem Jahr 1957 zeigt Wilhelm Möller (links) und Heinz Adam, die sich einen Stiefel Bier gönnen. Am Klavier Hans Rimbach, oben drauf der Plattenspieler, denn im Landgasthof Rimbach wurde gerne gesungen und getanzt.

In Battenberg/Eder verstand man es immer, große Feste auch gebührend zu feiern. Dabei wurde auch schon in den 50er Jahren fleißig fotografiert. Diese Aufnahme schickte uns F.M. Röße. Sie zeigt, wie sich Bürger der Stadt vorm Schaufenster von Lyncker drängen, wo die Fotos vom Karnevalsumzug aushängen.

Im Kreise der Familie

Wenn eine Hochzeit oder Taufe anstand, dann wurde das nicht, wie heute so oft, ein Fest im kleinen Kreise. Das ganze Dorf nahm Anteil, und Freunde und Nachbarn halfen oft wochenlang bei den Vorbereitungen. Und wenn Großmutter oder Großvater einen runden Geburtstag feierte, dann kam die ganze Familie zusammen, und dies war dann auch einer der wenigen Anlässe, wo sich alle für ein Familienfoto zusammenstellten.

Großer Empfang zum 70. Geburtstag. Als Leni Schellhases Oma 70 Jahre alt wurde, versammelte sie in Mosheim alle Enkel um sich. Die zweite von rechts ist die kleine Leni. Siehe dazu auch das nächste Bild aus demselben Album ...

Zehn Jahre später: Leni Schellhase ist nicht wiederzuerkennen. Was schenkte man sich 1959 in Ostheim zu Weihnachten? Bademäntel und Duschhauben! Leni (1. von links) sowie ihre Geschwister und Freunde fanden das so putzig, daß sie sich „in vollem Ornat“ zu diesem Erinnerungsfoto neben dem Christbaum aufstellten.

Braut und Auto sind festlich geschmückt, jetzt kann geheiratet werden. Gleich nach dieser Aufnahme fuhren Helga und Kurt Günther aus Freudenthal am 25. Oktober 1958 nach Borken, wo sie von Pfarrer Burkhard Lieberg in der evangelischen Kirche getraut wurden.

Mit dem Reisebus zur Hochzeit? Kein Problem, wenn man bei einem Busunternehmen als Fahrer angestellt ist wie der Bräutigam Toni Müller aus Allendorf/Eder. Das Foto machte Georg Klotz aus Marburg.

Hochzeitszug im November 1954 durch die Zierenberger Straße von Dörnberg. Friedrich Reuter: „Die Häuseransichten sind heute ganz anders."

Weihnachten 1948. Für die Weihnachtsbeilage der Hessischen Nachrichten schmückt Familie Engelmann schon mal das Bäumchen, Fotograf Tilcher braucht das Bild rechtzeitig.

Das erste eigene Auto

Der größte Traum, der hat vier Räder: ein eigenes Auto. Ein Wagen, mit dem man am Sonntag eine Landpartie machen kann, an den Edersee fahren oder in die Stadt, ins Kino, ein Eis essen. Nur wenige konnten sich ein solches Vehikel schon leisten – und wer eins besaß, der galt auch etwas, der hatte es geschafft.

Schon als junger Mann begeisterte sich Ehrhart Appell (rechts) aus Melsungen für Kraftfahrzeuge. Diese Aufnahme zeigt ihn zusammen mit einigen Freunden bei einer Spritztour mit dem „Muli", Großvaters DKW, Baujahr ca. 1932. Die Karosserie bestand zum Teil aus Sperrholz – siehe Fahrertür. Später wurde Dr. jur. Ehrhart Appell Bürgermeister von Melsungen (bis 1992). Auch heute kann man „Melsungens ältesten Alt-Rocker", wie er selbst sagt, noch mit dem Motorrad durch den Kreis brausen sehen.

Der Stolz steht ihm ins Gesicht geschrieben: Kurt Günther 1957 und sein neuer Wagen – ein NSU-Neckar, viertürig, zweifarbig lackiert, mit 1,1 Liter-Motor, 40 PS, und einem Normverbrauch von nur 8,2 Litern auf 100 Kilometer.

„1959 endlich mein erstes Auto. Ein toller Flitzer mit offenem Dach. Damals noch eine Seltenheit auf den Straßen. Ich war mächtig stolz darauf." Das hört man noch heute, wenn Heinrich Weide aus Battenberg-Frohnhausen so ins Schwärmen gerät.

Wer tüchtig schafft und fleißig spart ... Diesen NSU-Prinz hat sich Hans-Joachim Fritze aus Rothwesten hart erarbeitet: „Nach elfjähriger Gefangenschaft kehrte ich aus der Sowjetunion heim und mußte beruflich erst wieder Fuß fassen, das war 1955. Das Ergebnis harter Arbeit und verbissenen Sparens: Glückstrahlend ließen wir uns vor unserem ersten Auto, einem NSU-Prinz, fotografieren, das wir im März 1959 gerade vom Lieferanten abgeholt hatten."

Straße frei, ein Kabinenroller kommt! Das waren noch Zeiten, als man so unbeschwert gemächlich durch die Frühlingslandschaft „brettern" konnte, unbehelligt von Staus und Radarblitzen. Hans Braun reichte 1957 eine 50stel Sekunde, um diese Aufnahme auf der Straße zwischen Weimar und Heckershausen zu machen.

„Adventsauto" (Macht hoch die Tür!) oder „Knutschkugel" – für die BMW-Isetta gab es viele treffende Bezeichnungen. Ihre Fahrer waren oft ganz besondere Individualisten, die die Liebe zu ihrem „Schlaglochsuchgerät" stets im Herzen bewahrten. Erika Görke aus Morschen fand die Isetta auch ganz toll.

„Knattermaxe“

Ein Auto konnten sich so kurz nach dem Zusammenbruch nur ganz wenige leisten. Für viele war es schon ein Kraftakt, sich das Geld für ein Fahrrad mit Hilfsmotor, ein Moped, einen Roller oder gar ein richtiges Motorrad zusammenzusparen, um als „Knattermaxe“ durch die Lande zu preschen.

Dietlinde Plümer geb. Grundmann aus Zierenberg erinnert sich noch gut: „1949 kaufte mein Vater eine BMW. Die Familie wurde 1951 größer, also mußte ein Beiwagen her. Wir reisten damit 1954 in die Lüneburger Heide. Ich fand das gar nicht erfreulich, blieben wir doch ständig in den Sandwegen stecken.“

Wenn der Vater mit dem Sohne... Als Telegramm- und Eilzusteller brauchte Gerhard Backhaus aus Kassel 1955 ein schnelles Dienstmotorrad. Klar, daß der kleine Klaus am liebsten mit dem Papa auf Tour gegangen wäre – er paßt ja auch prima vorne auf den Tank. Und eine Dienstmütze hat er auch schon.

Erst mußte Karlheinz Lies aus Fuldabrück auf Schwiegervaters Motorrad zurückgreifen, doch 1957 war es dann so weit: der erste eigene Motorroller konnte angeschafft werden – schön rot, mit Chromleisten und einer Nebellampe.

Sonntagsausflug an den Edersee im Sommer 1954. Willi Jäger (links) erinnert sich: „Es war damals eine große Sache. Jeden Sonntag fuhren wir ein anderes Ziel an." Vier Freunde waren sie, die mit einer 125 ccm Vespa und einer 250 ccm Viktoria auf Tour gingen: Willi Jäger, Helmut Bubenheim, Winfried Marotzke und Joachim Sondermann, der dieses Erinnerungsfoto schoß.

Die Kamera hält alles fest

Auf Schusters Rappen, mit der Bahn oder dem Bus – so erkundete man in den 50ern die Heimat. Immer häufiger war auch der Fotoapparat dabei, um die schönen Erinnerungen im Bild festzuhalten. „Knipsen" wurde langsam zum Volkssport. Und so finden sich in den Fotoalben aus dieser Zeit zwischen den vielen Familienbildern auch immer mehr Schnappschüsse von Ausflügen.

Frei wie ein Vogel im Wind ... Die Segelflieger auf dem Dörnberg verwirklichten ihren Traum vom Fliegen. Diese Aufnahme von Willi Maguhn aus Ahnatal zeigt, wie ein Schulgleiter vom Hang der Helfensteine für einen kleinen Luftsprung mit Gummiseilen angezogen wird.

Ausflug ins Grüne mit befreundeten Familien und deren Kindern. Der Onkel von Paul Becker (vorn im Gras liegend) besaß einen Dreirad-Transporter der Marke Goliath; mit dessen Hilfe wurden Grillgut und Getränke an den Rastplatz in der Gemarkung Laisa (Kreis Frankenberg) gefahren. Dort briet man dann Kartoffeln und Würstchen, trank Bier und Bluna, jemand spielte Gitarre – es waren lustige Sonntagnachmittage.

Das Wandern ist der Jäger Lust. Mit einer befreundeten Nachbarsfamilie wanderten die Jägers aus Vellmar 1952 zum ...

... Meißnerhaus – ganz zünftig mit Kochgeschirr und Proviant. Und als der kleine Hunger kam, hat Vater ein Feuer gemacht und für alle gekocht.

Was tun, wenn man kein Weitwinkelobjektiv besitzt und der Berg nicht hoch genug ist, um weit genug weggehen zu können für eine Panorama-Aufnahme? Hans-Joachim Fritze aus Rothwesten wußte sich zu helfen: Er machte drei Bilder und setzte sie zusammen. So kann er nun eine Gesamtaufnahme vom Bühl bei Weimar sein eigen nennen, der 1958 noch recht wild und urwüchsig war, aber dennoch schon ein beliebter Badesee.

1953 war der Wasserspiegel des Edersees besonders stark abgesenkt worden – man konnte auf dem Boden des Sees kilometerweit spazierenfahren. Hier das Hammerwerk und das Modell der Sperrmauer im Vordergrund. Eckehard Fisseler aus Felsberg machte dieses Foto.

Starke Regenfälle verursachten 1956 bei Sachsenhausen den Einsturz der Kingebrücke. Und in das Loch stürzte ein VW-Käfer. Auch hier war Eckehard Fisseler mit seiner Kamera zur Stelle.

Das Gasthaus Zur Grauen Katze ist eines der beliebtesten Ausflugsziele an der Fulda. Mit dem berühmten Dampfer Elsa fuhren Elfriede Keßler aus Lohfelden, Tochter Elfi und ihr Mann Heinrich im August 1955 dorthin.

Soeben hat der Dampfer Elsa von der Grauen Katze abgelegt und schippert mit gemütlich plätscherndem Schaufelrad nach Kassel zurück. Hans Braun machte dieses Foto 1958.

Betriebsausflug am 1. Mai 1956 zur Edertalsperre: Die Mitarbeiter des „RIWA-Vertriebs" machten sich mit ihren Frauen einen schönen „Tag der Arbeit". Willi Bäcker aus Fuldatal gehörte auch zu dieser ausgelassenen Truppe.

Verkehrsdichte anno 1950: Ein einsamer Opel verliert sich auf der A 7 bei Remsfeld – davon kann man heute selbst nachts nur träumen. Robert Pusch aus Felsberg besitzt dieses seltene Bild.

„Hab ich Sehnsucht nach der Ferne“

Den Schrei der Möwen hören, die salzige Seeluft schmecken, in der Brandung baden, durch Dünen wandern, die Sehnsucht nach der Ferne kennenlernen – wer mit seiner Schulklasse ans Meer reisen durfte, hatte Gleichaltrigen hinterher manches voraus: Er hatte über die Hügel der Heimat geschaut und erstmals ein Stück von der Welt gesehen.

„Simmershausen“ steht auf dem Wimpel, der heftig im Sylter Sommerwind flattert. Heinrich Schönewald aus Fuldatal war 1953 bei dieser Gruppe, die sich auf der Perle der Nordsee erholen durften.

Eine Postkarte aus „24b Klappholttal über Westerland/Sylt", wo Stadt und Kreis Kassel das abgebildete Jugendlager betrieben. Erika Rück schrieb sie am 6.6.51 (Poststempel) nach Hause: „Das Meer ist herrlich. Wir baden jeden Tag. Jedes Zimmer hat sich eine Burg gebaut. Wir schlafen zu viert. Unsere Klasse ist in 2 Häuser verteilt. Abends gehen wir zuerst auf die Dünen und rutschen herunter, und dann spielen wir bis fi 10 Uhr Tischtennis. Bis zum Strand müssen wir ungefähr 5-10 Minuten durch Dünen gehen. Herzliche Grüße und Küsse von Eurer Erika. Kann ich die Karte wiederhaben? Dann heb sie mir bitte auf." – So geschehen.
So kam die Karte Jahrzehnte, frankiert mit einer grünen Zehn-Pfennig-Marke und 2 Pfennig Notopfer Berlin, später in dieses Buch. Und Erika Rück schrieb dazu: „Am 2. Juni 1951 fuhren wir mit der Klasse der Heinrich-Schütz-Schule in das Ferienlager der Stadt Kassel. Für uns damals 15jährige war es die erste große Ferienreise nach dem Krieg. Schon die lange Bahnfahrt und dann durchs Wasser über den Hindenburgdamm war ein großes Erlebnis. Am Westerländer Bahnhof stiegen wir dann in eine kleine Inselbahn, die uns in das Lager (damals Baracken) brachte. Da das Lager gerade erst eingerichtet war, bekamen wir ganz neue Matratzen, die wir einweihen durften. Heute ist das Lager nicht wiederzuerkennen."

Erika Lohr aus Großenenglis war 13 Jahre alt, als sie 1953 mit ihrer Klasse der ehemaligen Volksschule Großenenglis die erste Klassenfahrt ihres Lebens antreten durfte. Es ging ins Zeltlager Dahme des Kreises Fritzlar-Homberg. Sie erinnert sich: „Trotz nicht sehr komfortabler Armeezelte, Strohlager (wohin sich manchmal auch Mäuse verirrten) und trotz des wöchentlichen Schälens riesiger Mengen Kartoffeln (siehe Bild) haben uns diese Ferien viel Spaß gemacht und sind uns in guter Erinnerung geblieben."

Antreten zum Essenfassen im Zeltlager Dahme – da ließen sich die Schülerinnen und Schüler aus Großenenglis nicht zweimal bitten, Seeluft macht hungrig!

Diese fünf jungen Damen kamen 1953 beim Spaziergang in der Gemarkung Martinhagen an einer Leiter vorbei. So entstand dieses Foto, das uns Anni Kimm geb. Botthof (auf der Leiter ganz oben) schickte. Mit auf dem Bild ist auch die damals achtjährige Brigitte Egerland, ein Berliner Kind, das im Rahmen der Kinderlandverschickung Ferien auf dem Bauernhof in Nordhessen machte.

„Dittershäuser Jungens" im Winter 1955 beim Sonntagsspaziergang auf der zugefrorenen Fulda: Gerhard Schäfer, Hans Döring, Gerhard Gerlach, Fritz Simon und Gerhard Opfermann (von links) haben sich fein gemacht. „Obwohl damals bei uns wenig Geld vorhanden war, legten wir doch großen Wert auf gediegene, saubere Sonntagskleidung, für die man sehr lange sparen mußte", schrieb Heinz Gerlach zu diesem Foto. „Im Winter gehörten ein anständiger Mantel, Hut und Handschuhe dazu."

„Als wir Kinder waren in den 50ern, habe ich mit meinen Freundinnen schöne Heimatfeste in Bergshausen gefeiert", schrieb uns Jenni Heyne. „Die Mädchen führten Volkstänze vor, die Jungens waren zu schüchtern, deshalb mußten wir uns die Lederhosen und Hüte bei ihnen ausleihen." Das Bild zeigt die feschen Tänzerinnen: links Melitta Nuhn geb. Bischoff, in der Mitte Trudi Diemer geb. Schulz und rechts Jenni Heyne geb. Berninger – der Kavalier ganz vorn ist der kleine Horst.

Eduard Henne vom Dorfpolizeiposten Geismar bei einer Verkehrskontrolle Anfang der 50er Jahre auf der B 252 zwischen Frankenberg und Viermünden. „Weiße Mäuse" nannte man damals die Verkehrspolizisten wegen ihrer weißen Mützen, der weißen Handschuhe und der weißen Koppel.

Heimwärts auf der Frommershäuser Straße nach Obervellmar. Wo 1959 noch freies Feld war, steht heute eine große Siedlung, und die Straße heißt inzwischen Nordstraße. Hans Braun betextete seine Aufnahme humorvoll: „Vielleicht verstreute er ja seine Fuhre Mist just da, wo heut' das Rathaus der Stadt Vellmar ist?"

Weitere Bücher aus dem Wartberg Verlag

Georg Eurich

Aus alter Arbeitszeit
Bäuerliche Berufs- und Lebensbilder
von 1948– 1958

Historische Fotografien

80 S., Großformat, geb., s/w-Fotos
ISBN 3-925277-34-X

Georg Eurich

Photographien aus dem Dorfleben
der 50er Jahre

Der zweite Band der beeindruckenden
Fotosammlung von Georg Eurich

72 S., Großformat, geb., s/w-Fotos
ISBN 3-86134-108-5

Wartberg Verlag
34281 Gudensberg-Gleichen, Im Wiesental 1
Tel.: (05603) 93050 – Fax: (05603) 3083